神《かみ》さまと
自然《しぜん》と
ともにある祈《いの》り

谷口雅宣

生長の家

装画…渡辺正重「湖水の夕影」（福島県会津の裏磐梯《うらばんだい》にある桧原湖《ひばらこ》）
装幀…J-ART
本文イラスト…小関隆史（九、二一、二四、二八ページ）、Cotswolds/PIXTA（三九ページ）、イラストAC（三五、三七、四一、四三、四五、四七、四九ページ）

神《かみ》さまと自然《しぜん》とともにある祈《いの》り——

目《もく》次《じ》

周囲《しゅうい》に神《かみ》さまを感《かん》じる祈《いの》り　6
自然《しぜん》の美《うつく》しさをたたえる祈《いの》り　10
自然《しぜん》の中《なか》の私《わたし》に気《き》づく祈《いの》り　14
植物《しょくぶつ》の美《うつく》しさと命《いのち》を感《かん》じる祈《いの》り　18
人《ひと》と植物《しょくぶつ》の生《い》かし合《あ》いを思《おも》う祈《いの》り　22

鳥《とり》やけもののすばらしさを称《たた》える祈《いの》り　25
キノコやカビと友《とも》だちになる祈《いの》り　29
この祈《いの》りに出《で》てくる生《い》き物《もの》たち　34
スミレ　34／サクラ　36／スギ　38／マツ　40
カワセミ　42／カモシカ　44／チーター　46／モモンガ　48
あとがき　50

周囲《しゅうい》に神《かみ》さまを感《かん》じる祈《いの》り

神《かみ》さま、私《わたし》は今《いま》、自然《しぜん》を前《まえ》にして、
あなたがここにいられることをアリ
アリと感《かん》じます――
風《かぜ》で木々《きぎ》が揺《ゆ》れる音《おと》。草《くさ》のにおい、
花々《はなばな》の色《いろ》、香《かお》り、そして鳥《とり》たちの

声《こえ》。私《わたし》は地球《ちきゅう》の生命《せいめい》を感《かん》じ、太陽《たいよう》の愛《あい》を観《かん》じ、宇宙《うちゅう》の生《い》かす力《ちから》を感《かん》じます。私《わたし》の体《からだ》は物質《ぶっしつ》ではなく、あなたの愛《あい》です。あなたの知恵《ちえ》です。あなたの命《いのち》です。私《わたし》を取《と》り巻《ま》くすべての人々《ひとびと》は皆《みな》、私《わたし》と同《おな》じ神《かみ》の子《こ》ですから、神《かみ》さまの愛《あい》です。知恵《ちえ》です。命《いのち》です。

私《わたし》の周囲《しゅうい》のすべての生《い》き物《もの》は、神《かみ》さまの愛《あい》と知恵《ちえ》と命《いのち》の表現《ひょうげん》です。私《わたし》の生《い》きる環境《かんきょう》は、地球《ちきゅう》は、宇宙《うちゅう》は、すべて神《かみ》さまの命《いのち》の表現《ひょうげん》であります。

ありがとうございます。

自然《しぜん》の美《うつく》しさをたたえる祈《いの》り

空《そら》の青《あお》と雲《くも》の白《しろ》
輝《かがや》く新緑《しんりょく》と黒《くろ》い木々《きぎ》
萌《も》える若葉《わかば》の柔《やわ》らかさと
遠《とお》い青《あお》い山《やま》。
次々《つぎつぎ》と開《ひら》く花々《はなばな》の

鮮《あざ》やかな色《いろ》、色《いろ》、色《いろ》……。
自然《しぜん》の世界《せかい》には
神《かみ》さまの無限《むげん》の美《び》が、
満《み》ちあふれています。
神《かみ》の子《こ》・人間《にんげん》は、
これらすべてに触《ふ》れて喜《よろこ》びを感《かん》じ、
自然《しぜん》の中《なか》で

生《い》かされているありがたさに
心《こころ》が震《ふる》えます。
神《かみ》さまはこんな自然《しぜん》をとおして
すべてのものに価値《かち》があり、
それぞれが組《く》み合《あ》わさってこそ
美《うつく》しさがあることを
教《おし》えてくださいます。

神《かみ》さま
ありがとうございます。

自然《しぜん》の中《なか》の私《わたし》に気《き》づく祈《いの》り

私《わたし》は神《かみ》の子《こ》ですから、一《ひと》つの肉体《にくたい》の中《なか》に縮《ちぢ》こまっているのではありません。

木々《きぎ》の緑《みどり》を美《うつく》しいと感《かん》じるとき、その緑《みどり》の葉《は》たちと一《ひと》つになり、木々《きぎ》の上《うえ》にも私《わたし》はいます。鳥《とり》の声《こえ》に聞《き》きほれるとき、その鳥《とり》と一《ひと》つになり、空中《くうちゅう》にも私《わたし》はいます。

川《かわ》が流《なが》れる音《おと》を聞いて、ああ気持《きも》ちいいと思《おも》うとき、その流《なが》れと一《ひと》つになり、水《みず》の上《うえ》にも私《わたし》はいます。空《そら》の青《あお》さに感動《かんどう》するとき、その空《そら》と一《ひと》つになり、山《やま》より高《たか》い空《そら》の上《うえ》にも私《わたし》はいるのです。

秋《あき》になって赤《あか》や黄色《きいろ》の葉《は》が美《うつく》しいと思《おも》うときも、その葉《は》たちと一《ひと》つになって、私《わたし》は木々《きぎ》の上《うえ》、屋根《やね》の上《うえ》、土《つち》の上《うえ》に自分《じぶん》の心《こころ》を宿《やど》します。

神《かみ》さま、自然《しぜん》はあなたの知恵《ちえ》と愛《あい》

の表現《ひょうげん》です。その美《うつく》しさとすばらしさを感《かん》じることができる私《わたし》は、神《かみ》さまを知《し》る神《かみ》の子《こ》です。

自然《しぜん》のどの場所《ばしょ》にも、私《わたし》の心《こころ》は宿《やど》ります。

ありがとうございます。

植物《しょくぶつ》の美《うつく》しさと命《いのち》を感《かん》じる祈《いの》り

道《みち》ばたに咲《さ》く、小《ちい》さなスミレ。空《そら》からはらはらと散《ち》るサクラの花《はな》。天《てん》を突《つ》くスギの森《もり》。海風《うみかぜ》にたえるマツ林《ばやし》——

神《かみ》さま、私《わたし》は花々《はなばな》の愛《あい》らしさ、木々《きぎ》

の美《うつく》しさや力強《ちからづよ》さを心《こころ》に強《つよ》く感《かん》じます。体《からだ》の外《そと》にあるこれらの植物《しょくぶつ》を、内部《ないぶ》に強《つよ》く、美《うつく》しく、力《ちから》にあふれて感《かん》じることができるのは、私《わたし》の命《いのち》と植物《しょくぶつ》の命《いのち》が本来一体《ほんらいいったい》だからです。花《はな》の色《いろ》、繊細《せんさい》な形《かたち》、色《いろ》と形《かたち》の組《く》み合《あ》わせに、私《わたし》の心《こころ》は震《ふる》えます。木々《きぎ》の枝《えだ》の伸《の》びやかな広《ひろ》がりや太《ふと》い幹《みき》のたくましさに、私《わたし》は力《ちから》と動《うご》きを感《かん》じます。植物《しょくぶつ》の発《はっ》するこれらの無限《むげん》に多様《たよう》なメッセージを、私《わたし》の命《いのち》は喜《よろこ》んで受《う》け止《と》めます。

神《かみ》さま、あなたは植物《しょくぶつ》をとおして、私《わたし》に命《いのち》と勇気《ゆうき》を与《あた》えてくださっています。ありがとうございます。

人《ひと》と植物《しょくぶつ》の生《い》かし合《あ》いを思《おも》う祈《いの》り

神《かみ》さまはすべてのすべてですから、神《かみ》さまの〝外《そと》〟にあるものはありません。神《かみ》さまの内《うち》にあって、私《わたし》は植《しょく》物《ぶつ》を愛《め》で、植物《しょくぶつ》に生《い》かされ、植物《しょくぶつ》に与《あた》えるとともに、植物《しょくぶつ》は神《かみ》さまの命《いのち》を私《わたし》に与《あた》えてくれます。私《わたし》の体《からだ》を動《うご》かすもととなる酸素《さんそ》は、植物《しょくぶつ》がつくり出《だ》しています。私《わたし》が吐《は》き出《だ》す二《に》酸化炭素《さんかたんそ》は、植物《しょくぶつ》を育《そだ》てています。野菜《やさい》や木《き》の実《み》や果物《くだもの》は、私《わたし》の体《からだ》に必《ひつ》要《よう》な栄養《えいよう》を豊《ゆた》かに与《あた》えてくれます。そして私《わたし》は、植物《しょくぶつ》を大切《たいせつ》に育《そだ》て、多《おお》くの種類《しゅるい》がいっしょに生《い》きる美《うつく》しさの中《なか》で、神《かみ》さまの愛《あい》を感《かん》じます。ありがとうございます。

鳥《とり》やけもののすばらしさを称《たた》える祈《いの》り

カワセミは空中《くうちゅう》から川《かわ》へ飛《と》び込《こ》んで、水《みず》の中《なか》の魚《さかな》を捕《と》らえます。渡《わた》り鳥《どり》は寒《さむ》い冬《ふゆ》の空《そら》を何千《なんぜん》キロも飛《と》んで、間違《まちが》わずに目的地《もくてきち》に降《お》り立《た》ちます。カモシカは岩山《いわやま》の絶壁《ぜっぺき》を軽々《かるがる》と駆《か》け上《あ》がり、チーターは時速百《じそくひゃっ》キロ近《ちか》くで草原《そうげん》を走《はし》り、モモンガは森《もり》の木々《きぎ》の枝《えだ》の間《あいだ》を飛《と》び回《まわ》ります。神《かみ》さま、私《わたし》は鳥《とり》やけものの愛《あい》らしさ、俊敏《しゅんびん》さ、美《うつく》しさ、力強《ちからづよ》さを讃嘆《さんたん》の思《おも》いをもって感《かん》じます。彼《かれ》らの存《そん》在《ざい》に荘厳《そうごん》な意義《いぎ》を感《かん》じ、彼《かれ》らとともに地上《ちじょう》に生《い》きることを誇《ほこ》りに思《おも》います。彼《かれ》らはそれぞれ人間《にんげん》のおよばない美点《びてん》を備《そな》え、私《わたし》に神《かみ》さまの無限《むげん》の命《いのち》と知恵《ちえ》がそこにあることを教《おし》えてくれます。

神《かみ》さまのメッセンジャーである彼《かれ》

らに、私《わたし》は心《こころ》から感謝《かんしゃ》します。ありがとうございます。

キノコやカビと友《とも》だちになる祈《いの》り

お店《みせ》で見《み》るキノコは、土《つち》で汚《よご》れずきれいに見《み》えます。でもキノコは「木《き》の子《こ》」ですから、木《き》が育《そだ》つ土《つち》の中《なか》が活躍《かつやく》の舞台《ぶたい》です。キノコは土《つち》から顔《かお》を出《だ》す前《まえ》には、森《もり》の土《つち》を木《き》といっしょに作《つく》ります。隠《かく》れて見《み》えなくても、土《つち》や木《き》の中《なか》に広《ひろ》く、長《なが》く菌《きん》子《し》を伸《の》ばして、落葉《おちば》や小枝《こえだ》を分解《ぶんかい》し、土《つち》の中《なか》の死《し》んだ虫《むし》、死《し》んだ動物《どうぶつ》を土《つち》に変《か》えてしまいます。だからキノコが生《は》える土地《とち》は、栄養《えいよう》豊《ゆた》かで、植物《しょくぶつ》が立派《りっぱ》に育《そだ》ちます。

カビもキノコと同《おな》じように、死《し》んだ生《い》きものを土《つち》に返《かえ》す大切《たいせつ》な役割《やくわり》をはたします。それだけでなく、私《わたし》たちの食《た》べ物《もの》や飲《の》み物《もの》を作《つく》ったり、食《しょく》品《ひん》に香《かお》りや味《あじ》わいを与《あた》えてくれます。チーズは白《しろ》カビや青《あお》カビでおいしくなり、しょう油《ゆ》、味《み》噌《そ》、甘酒《あまざけ》などはコウジカビの作品《さくひん》です。

神《かみ》さまは、見《み》えないところにもこんな仲間《なかま》をたくさん用意《ようい》して、生物《せいぶつ》同士《どうし》がムダのない与《あた》え合《あ》いの関係《かんけい》をもちながら、豊《ゆた》かに育《そだ》つ仕組《しく》みを造《つく》られました。キノコやカビは、私《わたし》たちの友《とも》だちです。小《ちい》さくても、大地《だいち》をつくり続《つづ》ける重要《じゅうよう》な仕事《しごと》をしています。私《わたし》は、キノコやカビに神《かみ》さまの愛《あい》を感《かん》じます。ありがとうございます。

この祈《いの》りに出《で》てくる生《い》き物《もの》たち

①スミレ（菫）

（植物《しょくぶつ》の美《うつく》しさと命《いのち》を感《かん》じる祈《いの》り）

日本《にほん》の野原《のはら》や、田畑《たはた》のわき、道《みち》ばたなどで広《ひろ》く見《み》ることのできる野草《やそう》です。四月《しがつ》から五月《ごがつ》に、二《に》センチから三《さん》センチほどの紫色《むらさきいろ》の花《はな》を咲《さ》かせます。咲《さ》いた後《あと》はタネが散《ち》り、次《つぎ》の年《とし》にまた花《はな》を咲《さ》かせる「多年草《たねんそう》」です。日本《にほん》

には野生種《やせいしゅ》だけで六十種類《ろくじゅっしゅるい》以上《いじょう》のスミレがあります。薬用《やくよう》・食用《しょくよう》になるものもあり、花《はな》の色《いろ》も紫《むらさき》のほかに、赤紫《あかむらさき》（ミヤマスミレ）、白《しろ》（シコクスミレ）、黄色《きいろ》（オオバキスミレやシソバキスミレ）などがあります。

②サクラ（桜）

（植物《しょくぶつ》の美《うつく》しさと命《いのち》を感《かん》じる祈《いの》り）

春《はる》に咲《さ》く日本《にほん》の代表的《だいひょうてき》な花《はな》として親《した》しまれ、日本《にほん》の国《こっ》花《か》にもなっています。花《はな》の色《いろ》は淡《あわ》い桃色《ももいろ》が多いですが、白《しろ》や濃《こ》いピンクもあります。満開《まんかい》の時期《じき》には人々《ひとびと》が花見《はなみ》を楽《たの》しみ、散《ち》る時《とき》の美《うつく》しさから短歌《たんか》や俳句《はいく》、詩《し》に多《おお》く詠《よ》まれてきました。代表的《だいひょうてき》なソメイヨシノをはじめ、ヤマザクラ、オオシマザクラ、ヒガンザクラなどの種類《しゅるい》があ

り、花弁《かべん》が何重《なんじゅう》にも重《かさ》なって咲《さ》くものは、八重桜《やえざくら》と呼ばれています。サクランボがなる桜桃《おうとう》、ウメ、モモもサクラのなかまです。開花予想日《かいかよそうび》が同《おな》じ地域《ちいき》を結《むす》んだ線《せん》を「桜前線《さくらぜんせん》」といい、春《はる》に九州《きゅうしゅう》から北上《ほくじょう》していく様子《ようす》は、風物詩《ふうぶつし》となっています。

③スギ（杉）

（植物《しょくぶつ》の美《うつく》しさと命《いのち》を感《かん》じる祈《いの》り）

日本原産《にほんげんさん》の常緑針葉樹《じょうりょくしんようじゅ》で、成長《せいちょう》が早《はや》く、建築《けんちく》の材料《ざいりょう》に適《てき》しているので、特《とく》に第二次世界大戦後《だいにじせかいたいせんご》、国内《こくない》で最《もっと》も多《おお》く植林《しょくりん》されてきた木《き》です。日本《にほん》の森林《しんりん》の一八《じゅうはち》パーセントが植林《しょくりん》されたスギの森《もり》と言《い》われています。地域《ちいき》によって、秋田杉《あきたすぎ》、天竜杉《てんりゅうすぎ》、吉野杉《よしのすぎ》、屋久杉《やくすぎ》など多《おお》くの種類《しゅるい》があります。

樹《き》の形《かたち》は細長《ほそなが》くまっすぐで、葉《は》は細長《ほそなが》くとがっています。樹齢千年以上《じゅれいせんねんいじょう》の木《き》もあるほど長寿《ちょうじゅ》で、高《たか》さ五十《ごじゅう》メートル以上《いじょう》になるものもあります。春《はる》には多《おお》くの花粉《かふん》が飛《と》ぶので、花粉症《かふんしょう》の原因《げんいん》の一《ひと》つになっています。

④マツ（松）

（植物《しょくぶつ》の美《うつく》しさと命《いのち》を感《かん》じる祈《いの》り）

日本《にほん》の風景《ふうけい》のいたる所《ところ》で見《み》られる木《き》です。主《おも》にアカマツ、クロマツ、カラマツが代表的《だいひょうてき》で、建築《けんちく》の材料《ざいりょう》に用《もち》いられ、クロマツは海岸《かいがん》に防風林《ぼうふうりん》や防砂林《ぼうさりん》としても植《う》えられています。高山帯《こうざんたい》に生《は》えるカラマツは、常緑《じょうりょく》のアカマツ、クロマツとは別《べつ》の種類《しゅるい》で秋《あき》には葉《は》を落《お》とします。マツの実《み》はタマゴ形《がた》が多《おお》く、「松《まつ》ぼっくり」「松《まつ》かさ」と呼《よ》

ばれます。ブラジルなどにあるマツの実《み》は、長《なが》さ一〇《じゅっ》センチのものもあり、食用《しょくよう》にされます。アカマツはマツタケと共生《きょうせい》することが知《し》られています。

常緑《じょうりょく》のマツは、古《ふる》くから長《ちょう》寿《じゅ》やおめでたさを表《あらわ》す木《き》とされ、お正月《しょうがつ》には神様《かみさま》を家《いえ》に迎《むか》える「門松《かどまつ》」として飾《かざ》られます。

⑤ カワセミ

（鳥《とり》やけもののすばらしさを称《たた》える祈《いの》り）

日本《にほん》をはじめアジア、ヨーロッパなどの水辺《みずべ》にすみ、体長《たいちょう》は約十七《やくじゅうなな》センチ。背《せ》は鮮《あざ》やかな青緑色《あおみどりいろ》、腹《はら》はオレンジ色《いろ》で美《うつく》しく、「空飛《そらと》ぶ宝石《ほうせき》」とも言《い》われています。土手《どて》に一《いち》メートル前後《ぜんご》の横穴《よこあな》を掘《ほ》って巣《す》を作《つく》ります。約四《やくよん》センチもある長《なが》いくちばしで、空中《くうちゅう》から水中《すいちゅう》に飛《と》び込《こ》み、川魚《かわざかな》やカエル、昆虫《こんちゅう》などを捕《と》らえて餌《えさ》とします。水中《すいちゅう》に飛《と》び込《こ》むときに水《みず》しぶきがあまり立《た》たないことから、長《なが》いくちばしの形状《けいじょう》は抵抗《ていこう》が少《すく》ないことが分《わ》かり、五〇〇系新幹線《ごひゃくけいしんかんせん》の先頭車両《せんとうしゃりょう》の長《なが》い鼻《はな》のデザインのヒントとなりました。カワセミの「セミ」は、昆虫《こんちゅう》の「蟬《せみ》」とは違《ちが》い、青《あお》い鳥《とり》の意味《いみ》の「ソニ」から変化《へんか》したものと言《い》われています。

⑥ カモシカ

（鳥《とり》やけもののすばらしさを称《たた》える祈《いの》り）

ヒマラヤをはじめ、中国南部《ちゅうごくなんぶ》、ミャンマー、マレー半島《はんとう》、台湾《たいわん》、日本《にほん》などの標高六百《ひょうこうろっぴゃく》メートルから三千《さんぜん》メートルの森《もり》、山《やま》の斜面《しゃめん》や岩場《いわば》にすみ、体長約一・五《たいちょうやくいってんご》メートル、毛《け》は灰黒色《かいこくしょく》で、雄雌《おすめす》とも一対《いっつい》の短《みじか》い角《つの》があります。「シカ」の名前《なまえ》がついていますがウシの仲間《なかま》で、山岳地帯《さんがくちたい》の移動《いどう》に適《てき》したじょうぶな足《あし》を持《も》ち、険《けわ》しい崖《がけ》でも、巧《たく》み

に上《のぼ》ることができます。草《くさ》、木《こ》の葉《は》や芽《め》、樹皮《じゅひ》、果実《かじつ》などを食《た》べます。眼《め》の下《した》から出《で》る強《つよ》いにおいの液《えき》を枝《えだ》などにこすりつけて、自分《じぶん》の縄張《なわば》りを主張《しゅちょう》する習性《しゅうせい》があります。ニホンカモシカは日本《にほん》の特産種《とくさんしゅ》で、国《くに》の特別《とくべつ》天然記念物《てんねんきねんぶつ》に指定《してい》されています。

⑦ チーター

（鳥《とり》やけもののすばらしさを称《たた》える祈《いの》り）

主《しゅ》としてアフリカとイランなどの草原《そうげん》にすみ、体長《たいちょう》は百十《ひゃくじゅう》から百五十《ひゃくごじゅっ》センチ。体毛《たいもう》は黄色《きいろ》を帯《お》びた茶色《ちゃいろ》で、黒《くろ》く丸《まる》い斑点《はんてん》が並《なら》んでいます。四本《よんほん》の足《あし》が長《なが》く頭《あたま》が小《ちい》さくて体《からだ》は細《ほそ》いため、空気抵抗《くうきていこう》が少《すく》なく、速《はや》く走《はし》ることに適《てき》しています。約二秒《やくにびょう》で時速七二《じそくななじゅうに》キロに達《たっ》する瞬発力《しゅんぱつりょく》と、時速百《じそくひゃっ》キロを超《こ》すスピードを誇《ほこ》ります。地上《ちじょう》のけも

の中《なか》では最速《さいそく》といわれ、人間《にんげん》の短距離《たんきょり》ランナーの二《に》倍以上《ばいいじょう》の速《はや》さです。ライオンやトラと違《ちが》い、木登《きのぼ》りが上手《じょうず》なことが有名《ゆうめい》です。

⑧ モモンガ

（鳥《とり》やけもののすばらしさを称《たた》える祈《いの》り）

ユーラシア大陸《たいりく》の北部《ほくぶ》森林《しんりん》地帯《ちたい》と日本《にほん》のほぼ全土《ぜんど》にすみ、体長《たいちょう》は十五《じゅうご》から二十《にじゅっ》センチでムササビよりはるかに小型《こがた》。体色《たいしょく》は背面《はいめん》が茶色《ちゃいろ》または褐色《かっしょく》、腹面《ふくめん》は白色《はくしょく》で、前後《ぜんご》の足《あし》の間《あいだ》に、広《ひろ》げるとマントのようになる皮膜《ひまく》があります。これを使《つか》って夜《よる》、木《き》から木《き》へ飛《と》び移《うつ》りながら、木《き》の芽《め》、葉《は》、果実《かじつ》などを食《た》べています。樹上《じゅじょう》での動《うご》きは

すばやく、空中《くうちゅう》を飛《と》ぶ距離《きょり》は、ふつうで八《はち》メートルくらい、風《かぜ》に乗《の》ると三十《さんじゅう》から五十《ごじゅう》メートルも飛《と》ぶことができます。北海道《ほっかいどう》にはエゾモモンガ、本州《ほんしゅう》と九州《きゅうしゅう》では、やや大型《おおがた》のホンシュウモモンガが生息《せいそく》しています。

あとがき

子供《こども》が祈《いの》るとき、どんな「神《かみ》さま」を心《こころ》に描《えが》いているのでしょうか。それは、優《やさ》しいお母《かあ》さんのような神《かみ》さまでしょうか、それとも難《むずか》しい顔《かお》をしたお父《とう》さんのような神《かみ》さまでしょうか、はたまた、遠《とお》い空《そら》の上《うえ》で、そっぽを向《む》いている神《かみ》さまなのでしょうか。親《おや》や学校《がっこう》の先生《せんせい》に頼《たの》んでもかなえられない希望《きぼう》を実現《じつげん》したいとき、子供《こども》は神《かみ》に祈《いの》るでしょうか？　そういう祈《いの》りを、私《わたし》はムダだと思《おも》いません。しかし、少《すく》なくともこの本《ほん》にある祈《いの》りは、それとは違《ちが》う種類《しゅるい》です。『観世音菩薩讃歌《かんぜおんぼさつさんか》』には、こうあります――

祈《いの》りは、
神《かみ》の御心《みこころ》と汝《なんじ》らの心《こころ》との導管《パイプ》にして
神《かみ》との交流《こうりゅう》の楽園《らくえん》なり。

日常生活《にちじょうせいかつ》の忙《いそが》しさに気《き》を取《と》られていると、私《わたし》たちはこのパイプがすでに心《こころ》の中《なか》にあることを忘《わす》れがちです。しかしそれを思《おも》い出《だ》し、パイプから新鮮《しんせん》な〝空気《くうき》〟を吸《す》い込《こ》むことができれば、私《わたし》たちはすぐにでも神《かみ》さまからアイディアを受《う》け取《と》って、楽《たの》しい、創造的《そうぞうてき》な生《い》き方《かた》をする準備《じゅんび》ができるでしょう。それが、この讃歌《さんか》の一節《いっせつ》の意味《いみ》です。だから、この本《ほん》の題《だい》は「神《かみ》さまと自然《しぜん》とともにある祈《いの》り」としました。これから「ともになる」ための祈《いの》りではありません。

私《わたし》たちは、すでに〝神《かみ》の子《こ》〟として神《かみ》とともにあるだけでなく、自然界《しぜんかい》の一部《いちぶ》でもありますから、初《はじ》めから自然《しぜん》とともにあります。しかし、現代人《げんだいじん》は――特《とく》に都会《とかい》に住《す》む多《おお》くの人々《ひとびと》は、そのことを忘《わす》れがちです。それを思《おも》い出《だ》すだけで、私《わたし》たちの人生《じんせい》には大《おお》きな活力《かつりょく》が生《う》まれ、思《おも》わぬ閃《ひらめ》きやアイディアを受《う》け取《と》ることができます。そのことに、子《こ》供《ども》と大人《おとな》の区別《くべつ》はありません。

しかし、子供《こども》は特《とく》に感受性《かんじゅせい》に優《すぐ》れ、既成概念《きせいがいねん》にとらわれない想像力《そうぞうりょく》と創造力《そうぞうりょく》をもっていますから、小《ちい》さいころから〝神《かみ》とのパイプ〟の存在《そんざい》を知《し》らせ、それを活用《かつよう》する方法《ほうほう》を伝《つた》えることは、私《わたし》たち大人《おとな》の務《つと》めであり、責任《せきにん》であると私《わたし》は思《おも》います。この本《ほん》の祈《いの》りの言葉《ことば》は、そんな意図《いと》から書《か》かれています。子供向《こどもむ》きの祈《いの》りの言葉《ことば》なので、大人《おとな》の読者《どくしゃ》には物足《ものた》りないかもしれません。そんな場合《ばあい》は、私《わたし》の既刊本《きかんぼん》『日々《ひび》の祈《いの》り――神《かみ》・自然《しぜん》・人間《にんげん》の大調和《だいちょうわ》を祈《いの》る』（二〇〇七年、生長の家刊）を参照《さんしょう》してください。

小学生《しょうがくせい》には、ここにある祈《いの》りの言葉《ことば》を声《こえ》に出《だ》して読《よ》んでほしいです。もちろん、大人《おとな》がいっしょに読《よ》んでもいいでしょう。本《ほん》のところどころに難《むずか》しい言葉《ことば》や表現《ひょうげん》もありますが、子供《こども》から意味《いみ》を聞《き》かれたら、大人《おとな》はていねいに教《おし》えてあげてください。その回答《かいとう》の参考《さんこう》として、巻末《かんまつ》では「この祈《いの》りに出《で》てくる生《い》き物《もの》たち」を紹介《しょうかい》しています。もちろん、この説明《せつめい》だけでは十分《じゅうぶん》と言《い》えないので、子供《こども》には直接《ちょくせつ》、自然《しぜん》に触《ふ》れる機会《きかい》をできるだけ多《おお》く作《つく》ってください。それは、近《ちか》くの公園《こうえん》の散歩《さんぽ》でも、ベランダ菜園《さいえん》に来《く》る虫《むし》との交流《こうりゅう》でもいいのです。それによって、私《わたし》たち大人《おとな》の生活《せいかつ》もきっと豊《ゆた》かになり、リフレッシュされると思《おも》います。

二〇一八年七月八日

著者記す

著者紹介　谷口雅宣　Masanobu Taniguchi

1951年東京都生まれ。青山学院大学法学部卒。米国コロンビア大学修士課程修了（国際関係論）。新聞記者を経て、2009年から生長の家総裁。著書に『凡庸の唄』（日本教文社刊）、『宗教はなぜ都会を離れるか？』『生長の家ってどんな教え？』『大自然讃歌』『観世音菩薩讃歌』、短編小説集『こんなところに……』『日々の祈り』（以上、生長の家刊）などがある。

神《かみ》さまと自然《しぜん》とともにある祈《いの》り

2018年8月10日　初版第1刷発行

著　者　谷口雅宣《たにぐちまさのぶ》
発行者　磯部和男
発行所　宗教法人「生長の家」
山梨県北杜市大泉町西井出8240番地2103
電　話（0551）45-7777　http://www.jp.seicho-no-ie.org/
発売元　株式会社　日本教文社
東京都港区赤坂9丁目6番44号
電話（03）3401-9111　FAX（03）3401-9139
頒布所　一般財団法人　世界聖典普及協会
東京都港区赤坂9丁目6番33号
電話（03）3403-1501　FAX（03）3403-8439
印刷・製本　東港出版印刷株式会社

本書の益金の一部は森林の再生を目的とした活動に寄付されます。
本書の紙は、ＦＳＣ®森林管理認証を取得した木材を使用しています。
落丁・乱丁本はお取替えします。定価は表紙に表示してあります。

Printed in Japan　ISBN978-4-531-05918-8